À tous les couples de flammes jumelles,
puissiez-vous vivre votre Amour
et rendre ce monde meilleur.

À ma flamme,
qui m'a permis de redécouvrir qui je suis.
Je t'aime.

© 2020, Thiébaud, Laetitia
Edition : Books on Demand,
12/14 rond-Point des Champs-Elysées, 75008 Paris
Impression : BoD - Books on Demand, Norderstedt, Allemagne
ISBN : 9782322237739
Dépôt légal : juillet 2020

Sommaire

Introduction sur les flammes jumelles

"Flammes jumelles" est un terme dans lequel il est possible que vous vous reconnaissiez à un moment donné dans votre vie.

Ces deux termes apparaissent comme ça du jour au lendemain, par le biais de quelqu'un qui vous en a parlé ou en lien avec des recherches que vous avez effectuées (car on cherche toujours à comprendre la relation de couple quelque peu hors du commun que l'on est en train de vivre). Et donc, ces deux mots viennent résonner (ou raisonner) en vous, comme s'ils venaient réveiller quelque chose dans votre subconscient qui, jusqu'à présent, était en sommeil. Pourquoi cette relation est-elle si particulière ? Parce qu'elle implique de mêler Amour et Recherche de Soi. Mais vous comprendrez plus en détail ce que cela signifie lorsque j'énumèrerai les étapes du parcours de cette relation.

Avant de commencer, je voulais mettre en garde les personnes qui s'attachent à quelqu'un sous le faux prétexte qu'il est sa flamme. C'est une relation qui peut vite devenir toxique. Le but des flammes jumelles est de se retrouver soi-même et non d'utiliser des stratégies pour récupérer l'amour qu'on a perdu.

Cette mise en garde est aussi valable pour les couples de flammes : le fait d'être constamment à la recherche de l'Autre retarde le processus de la réunification car il faut avant tout être dans la recherche de Soi.

Chaser/Runner

Il s'agit des termes employés sur Internet et dans les renseignements des nombreux sites, livres ou témoignages qui tentent d'expliquer la relation flammes jumelles. Je reprends donc ici ces termes, non pas qu'ils me plaisent, mais pour que tout le monde s'y retrouve !

Je vais expliquer sans plus attendre la différence entre ces termes :

- un runner est l'individu dans la relation qui va fuir la situation/le couple. De par son comportement (sa fuite), il va être l'indicateur de l'évolution du travail d'introspection du chaser, dans le sens où si le runner continue à fuir, c'est que le chaser n'a pas encore réussi à être parfaitement lui-même ;

- et le chaser est la personne qui va "s'éveiller en premier", qui va comprendre le lien particulier de la relation et qui va effectuer un travail d'introspection sur lui-même.

Donc, si l'on reprend cette logique, vous êtes très certainement le chaser, puisque vous cherchez à comprendre. Et même si c'est le runner qui me lit, cela lui permettra de se rendre compte de tout ce que cela implique pour son chaser.

L'éveil du chaser

Partant de ce fait, vous allez donc débuter par une phase de recherches, d'explications à ce qu'il se passe dans votre couple car vous sentez bien qu'il y a quelque chose à comprendre mais sans pouvoir réellement mettre le doigt dessus. Si vous vous posez ce genre de questions : "Mais qu'est-ce que je suis en train de vivre là ? Qu'est-ce qu'il se passe ? Est-ce qu'il y a d'autres personnes qui vivent cela ?", c'est un début d'éveil. S'ensuit une série de réflexions inabouties du genre : "Je ne comprends pas…Il y a quelque chose… Un truc…".
Oui, il y a "un truc" mais c'est quoi, ce "truc" ? Et là, à force de chercher, d'en parler, d'y réfléchir, vous finissez, à un moment ou à un autre, par tomber sur le terme de "flammes jumelles". Et vous ne pouvez pas, mais alors pas du tout, passer à côté, tellement cela vous intrigue et vous "parle".

Et puis, vient le moment où les coïncidences vont placer sur votre chemin un élément qui viendra s'accorder avec votre Vérité et vous allez prendre conscience de l'existence du lien qui vous unit à votre runner.

Vous aurez très certainement envie de le partager avec lui mais, étant donné qu'il n'est pas encore éveillé, ce que vous allez lui dire ne résonnera pas en lui comme il résonne en vous (ce sera peut-être possible d'ici quelques années, lorsque les couples de flammes jumelles seront plus abondantes…).

Pour ma part, j'ai visionné un témoignage d'une jeune femme, qui, pendant une demi-heure, a résumé mon enfance, pas la sienne mais la mienne ! Ce qu'elle racontait n'était pas juste un ensemble de choses qui me rappelait des souvenirs d'enfance. Non, c'était plus fort que cela : c'était carrément toutes ses phrases, tous ses mots qui décrivaient parfaitement ce que j'avais vécu et expliquait, d'une façon tout aussi parfaite, mon comportement d'aujourd'hui. Et il n'y avait aucun terme, mot ou phrase mal approprié, mal dit ou pas tout à fait juste. Absolument tout était à sa place, dans l'ordre et ce, pendant une demi-heure. J'ai cru rêver. C'est pour dire qu'on ne peut pas passer à côté !

Bien entendu, cette vidéo a été pour moi un déclencheur de ma prise de conscience MAIS chaque personne a son propre déclencheur. Et si, pour moi, cette vidéo m'a convenue, il se peut qu'elle ne convienne pas pour d'autres. Je veux dire par là que nous n'avons tous pas les mêmes modes "d'éveil". Il faut donc continuer à chercher. Peut-être même que c'est en lisant ce livre… Va savoir !

Bref, à partir de cette vidéo, j'en ai donc consulté énormément d'autres mais, même si je me retrouvais par ci par là, ce n'était pas tout à fait exact, dans le sens où ce qui était expliqué résonnait en moi mais sans pouvoir réellement m'identifier à ce qui était dit, comme si on avait placé une sorte de cryptage sur les paroles prononcées mais je n'avais pas le décodeur.

L'explication de cette non-identification vient du fait qu'on associe, à tort, les chasers à la polarité yang et féminine, et les runners à la polarité yin et masculine. Oui parce qu'en plus des termes "chaser/runner", il y a encore ces deux termes "yin" et "yang" qui viennent se greffer aux explications qu'on vous donne, sans parler de l'association de ces termes avec le masculin ou le féminin…
Bien qu'utiles dans la compréhension de la relation, ces termes mal associés entre eux peuvent vous faire perdre complètement la tête !

Je vais donc dissocier tous ces termes pour vous les expliquer et associer ensuite la polarité yin au chaser. Par contre, j'écris ces pages autant pour une femme que pour un homme.

Les polarités yang et yin

Pour précision, sachez qu'un individu n'est jamais tout à fait yin ou tout à fait yang. On dit d'un individu à polarité yin qu'il est d'une tendance beaucoup plus yin que yang mais il n'est jamais dépourvu de l'une ou l'autre de ces polarités.
À la fin du processus des flammes jumelles, le couple est censé maintenir cet équilibre entre le yin et le yang entre eux.

La polarité yang incite l'individu à être dans l'action et dans l'indépendance assez rapidement. Il a un caractère assez dominant, fort. Il est dans le contrôle.

La polarité yin agit sur l'individu par son calme et son esprit intuitif, créatif. Elle laisse ressortir son enfant intérieur. L'individu va également être plus dans la compréhension des choses, le ressenti et dans l'écoute.

Cette polarité yin guide le chaser tout au long du parcours, notamment au niveau du sens intuitif : par exemple, il se peut que vous ressentiez les émotions de votre runner, voire même avoir quelques mots dans votre esprit qui viennent de ses pensées. Cela peut vous aider à savoir quoi dire où faire à un moment précis. Il se peut également que des larmes s'écoulent de vos yeux alors que vous n'êtes pas tristes à cet instant-là. Il s'agit en réalité des larmes de votre runner.

Pour vous donner un exemple avec ma propre histoire : pendant notre éloignement, j'ai eu la sensation de ressentir qu'à tel moment, je me devais d'envoyer un message à mon runner. Je ne me l'expliquais pas. Je luttais contre l'envie de lui écrire mais c'était comme si son âme (et non la mienne) m'implorait de lui écrire. Je m'excusais d'ailleurs auprès de lui pour l'envoi de ces messages plutôt que de le laisser tranquille. Mais il me répondait à chaque fois qu'au contraire, mes messages lui faisaient plaisir. Je pense qu'il est important pour notre runner qu'on garde le contact. Il en a besoin pour atténuer sa peur de l'abandon. De notre côté, on l'affectionne tellement qu'on ne peut pas, de toute façon, maintenir un silence radio complet de notre côté. Mais attention, s'il ne nous répond pas, nous nous devons de respecter son silence ou de se poser la question "Est-ce que j'attendais vraiment une réponse ?".

Après, chacun est libre de faire ce qui lui plaît : moi, je n'ai pas pu le laisser souffrir seul de son côté à ce moment-là. J'estime que le plus important est de ne pas regretter nos choix. Or, personnellement, si j'ai fait ce choix, c'est parce que j'ai toujours voulu être dans la bienveillance vis-à-vis de lui (et donc par retour, vis-à-vis de moi-même).

Votre "différence" en tant que chaser yin

Il est vrai que vous n'êtes pas dans un système de relation flammes jumelles "classique". Votre polarité tend vers le yin plutôt que vers le yang.
Il ne faut pas prendre cette différence pour quelque chose de disgracieux ni d'avantageux. Vous autre, chaser yin, parcourez juste un schéma différent du parcours classique. Cela ne veut pas dire pour autant que vous ne vivez pas une relation de flammes jumelles. En effet, vous pouvez vous heurter parfois à de l'incompréhension de la part d'autres flammes et qui ne se reconnaissent pas du tout dans le type d'état que vous décrivez. En revanche, la souffrance est vécue par tous les chasers, yin ou yang.

Bien souvent, pour se retrouver dans les termes décrits sur le Net, vous, chaser yin, devez vous référer aux informations concernant le runner pour vous retrouver et aux informations sur le chaser pour comprendre le comportement de votre runner. Ah si c'était aussi simple, je vous laisserai bien là mais c'est plus compliqué que cela !
Cette explication est juste un avant-goût de ce qui va suivre. En tout cas, elle vous aidera sûrement à

vous associer plus aux informations que vous avez en votre possession et/ou que vous avez cherchées.

Être chaser yin, c'est quoi ?

Je vais décrire ici toutes les caractéristiques de ce que cela implique pour que vous puissiez les recouper ensuite avec les informations du Net pour y voir plus clair.

En tant que chaser yin, quelle est votre blessure principale ?

Vous avez sûrement pu constater au cours de vos recherches, que la relation de flammes vous amène à guérir certaines blessures pour pouvoir avancer, sauf qu'il s'agissait des blessures d'un chaser yang et non d'un chaser yin…

En réalité, au chaser yin correspond la blessure principale du rejet.

Une de votre principale caractéristique, c'est justement votre volonté de changement de personnalités pour plaire à ou aux individus se trouvant en face de vous.
Selon vous, la vie est comme une grande pièce de théâtre où votre véritable Moi n'a jamais su trouver sa place, alors, pour se fondre dans la société et

profiter de ce qu'il est en train de vivre plutôt que d'envisager sans cesse l'avenir et d'être dans le contrôle.

Mais tant que vous, en tant que chaser, n'êtes pas réveillé, ces moments ne sont qu'une accalmie : même si vous faites des efforts de positionnement et de responsabilités, cela ne peut continuer ainsi car vous êtes généralement d'une nature insouciante et vous avez tendance à vous forcer à perdre cette attitude pour vous concentrer sur le côté trop responsable. Mais cela ne peut que réveiller en vous une forme, même inconsciente, de frustration par rapport à votre runner qui lui, à ce moment, laisse sortir son côté joyeux et enfant.
Et cette manière de procéder n'est pas ce qui vous est demandé ! Mais vous le comprendrez plus tard…

Les étapes du parcours de flammes jumelles

On trouve ces étapes plus ou moins identiques sur Internet. Néanmoins, étant donné le manque d'informations sur les chasers yin, je vais énumérer les étapes par rapport à ma situation telle que je l'ai vécue. Ainsi, peut-être que vous allez plus vous reconnaître dans cet ordre :

1. La rencontre, la reconnaissance de l'autre
2. La "période trouble", la non-reconnaissance de Soi
3. La rupture et la "nuit noire de l'âme"
4. Le nettoyage énergétique/spirituel, la "purification"
5. Silence du runner
6. Retour vers Soi, reconnaissance du Soi (prise de conscience)
7. L'acceptation du Soi, agir, se réaliser, se construire
8. Les retrouvailles
9. La fusion et la réunion

Je vais donc passer en détail sur ces différentes étapes en me référant essentiellement sur mon parcours puisque je ne connais encore pas d'autres exemples de chasers yin, bien que je sache qu'ils existent et qu'ils galèrent autant que moi à s'y retrouver.

Mais je tiens, encore une fois, à préciser que la façon dont on vit cette relation particulière est propre à chacun. Toute personne peut vivre ces étapes différemment.

1- La rencontre – Reconnaissance de l'autre

Pour ma part, l'étape de la reconnaissance de l'autre est passée à la vitesse de l'éclair au tout début de notre relation : alors qu'on se parlait pour la première fois et que lui hésitait encore à venir vers moi. Moi, de mon côté, j'étais absolument sûre que c'était "lui", sans m'expliquer vraiment la raison de cette certitude.

Le début de notre relation s'est donc déroulé d'une façon très naturelle et très simple, comme si notre rencontre était inscrite dans l'Ordre des choses et le fait qu'on envisage l'avenir ensemble était tout à fait normal. On avait l'impression de se connaître depuis toujours.

Dès les premiers mois, tout a été posé pour la suite : la façon dont cela se passerait, les projets ensemble jusqu'à une intention de mariage et d'avoir un enfant. Tout allait extrêmement vite.

Et c'est justement parce que cela allait trop bien et trop vite pour moi que cela m'a fait peur. Je lui en avais fait part une fois en amenant la chose de façon peut-être trop détachée : "dis, tu ne crois pas que ça va un peu vite notre histoire ?". Et il m'a répondu : "Pourquoi ça n'irait pas vite alors qu'on en est sûr ?". C'est vrai, il avait raison. J'étais sûre de nous. Je croyais en nous alors pourquoi se poser des questions ?

Mais, car il y a toujours un "mais" dans une belle histoire d'amour pas compliquée, je sentais qu'il y avait quelque chose qui n'allait pas, quelque chose qui sonnait faux. Encore aujourd'hui je ne saurai dire ce que c'était. Alors peut-être ai-je fait vibrer mon incertitude dans l'air et que je n'aurais pas dû. Il aurait peut-être fallu que je ne tente pas de comprendre et que je me laisse porter par le bonheur.

Quoi qu'il en soit, c'était justement cette notion de bonheur que je remettais en question, pas chez lui, parce que lui, comme on dit, il était "aux anges", mais moi, non.

2- La "période trouble" – la non-reconnaissance de Soi

Le terme "période trouble" correspond parfaitement à ce que j'ai vécu après nos premiers instants. Tout devait bien se dérouler, enfin je suppose parce que les souvenirs que j'ai de ces mois passés ensemble avant notre rupture restent très flous, comme s'il y avait eu un brouillard devant mes yeux, dans ma tête, dans mes souvenirs. Lui a conservé des pensées visiblement très heureuses de notre relation car il m'en parle assez souvent. En revanche, pour moi, c'est très compliqué de me souvenir. Et je ne me l'explique encore pas !

Et puis, mes comportements et mes attitudes qu'ils me décrivaient quand on se disputait ne me ressemblait pas du tout ou, tout du moins, pas à ce point-là. En réalité, je ne me reconnaissais pas. Il décrivait une personne qui n'était pas moi.

Votre flamme (autre terme du Net pour désigner ici votre runner) a la particularité de connaître l'âme qui est en vous, peut-être même mieux que vous-même. Or, mon jumeau (encore un autre terme du Net) savait donc pertinemment que ce qu'il me reprochait était fondé. Je veux dire par là que même si ses reproches pouvaient se retourner contre lui, il devait me les dire car ils reflétaient un comportement qui n'était pas le mien. Mais même si je m'apercevais de cette incohérence avec moi-même, même si je comprenais que ce qu'il voulait, c'était retrouver la personne qui est en moi (mon vrai Moi), je ne pouvais pas redevenir cette personne ! Et je ne comprenais pas pourquoi j'étais quelqu'un d'autre, pourquoi je n'arrivais pas à être juste moi-même. C'était très déstabilisant !

J'avais l'habitude d'être une femme assez sûre de moi, qui n'a pas froid aux yeux, pleine d'enthousiasme et bourrée d'humour. Mais là, j'étais soumise, en proie à l'opportunisme, j'attendais presque qu'on décide pour moi et me laissais aller dans des colères !!!

J'ai évoqué plus au-dessus qu'au cours de notre vie, nous étions amenés à modifier quelque peu une partie de notre personnalité afin de nous rendre meilleur(e).
En ce qui me concerne, au cours de mes nombreux emplois, j'avais toujours dans l'esprit d'avoir un but, un objectif à atteindre pour chaque emploi que j'ai exercé. Par exemple : je me disais "au cours de mes 3 mois de CDD, je vais travailler ma confiance en moi", ou encore "bon, maintenant, pour ce travail, il faut que je développe ma capacité à maîtriser mes émotions", etc… Et, en faisant ce travail sur moi,

j'en suis arrivée à un stade où j'ai pu vivre toute une période absolument heureuse de ma vie où j'étais complètement à l'aise dans ce que je faisais. J'étais non seulement compétente mais en plus, j'avais ce côté insouciant, détaché des problèmes (s'il y en avait un, je m'y mettais à cœur joie et je prenais ce problème comme un petit défi à relever, une petite complication, rien de bien méchant). Une collègue me disait sans cesse : "Quoi qu'il se passe, toi, tu es toujours satisfaite de toi-même !"
Et c'était vrai, j'étais toujours contente de moi !
J'avais atteint un stade où rien ne pouvait me dérouter.

Malheureusement (ou plutôt bienheureusement !), j'ai mis fin à cette période car quelque part en moi, je cherchais quelqu'un dans ma vie, ce quelqu'un qui me permettrait d'atteindre quelque chose de plus en moi, un nouveau défi à relever et je savais que je ne le trouverai pas dans ma région. J'ai donc démissionné et je suis partie de régions en régions, à la recherche de l'amour, le Véritable.

Quelques mois après, j'ai rencontré ma flamme (Hasard ?...).

Mais justement le fait de vivre dans cette période trouble où je n'arrivais pas à être moi-même alors que justement j'avais mis tant de temps à me construire par mes divers emplois, me frustrait, m'énervait et oui, je pense, me mettait en colère. Parce que j'avais envie de lui montrer quelle femme j'étais réellement et puis, j'avais aussi envie de retrouver cette autosatisfaction que j'avais installée en moi, pour moi-même.

Voilà donc ce que représente cette période trouble : Vous ne vous reconnaissez plus et même si vous aviez mis en place en vous des schémas ou des programmes pour gérer telle attitude ou tel comportement pour arriver à être parfaitement heureux par soi-même et pour soi-même, la rencontre avec votre flamme vient tout casser.

Alors, pour avoir une piste d'explications à ce phénomène : sur Internet, il est dit que généralement, la relation vient guérir nos blessures les plus profondes. Donc peut-être que ce passage est utile pour justement rouvrir tout ce qu'on a pu guérir en surface et soigner réellement en profondeur ces blessures qui, du coup, vont pouvoir véritablement cicatriser à jamais. À méditer…

3- La rupture

Eh bien oui, hein, forcément ! Vient cette période qui s'impose tout naturellement si l'on suit la logique des choses. Vivant dans cette période trouble où l'on n'est plus du tout en phase avec soi-même et parfois même incapable de prendre une décision (en tout cas, pour ma part), il est temps, pardon pour l'expression, de se prendre un bon coup de pied aux fesses ! Et ce coup de pied nous conduira généralement vers la sortie, vers la rupture.

Ici encore, je vais prendre sur mon exemple (toujours dans le but que cela vous serve) : en ce qui me concerne, je la voulais cette rupture au plus profond de moi. Je voulais que tout cela s'arrête mais incapable de prendre la décision de partir, j'ai laissé mon jumeau prendre cette décision-là à ma place. J'avais peur de ne plus pouvoir revenir en arrière si c'était moi qui en avais été l'instigatrice. Et puis, je voulais qu'il souffre le moins possible. Mais il en a tout de même souffert. Et cela me fendait le cœur.

Pourquoi deux personnes qui s'aiment avec une telle intensité que nous, soient obligées de se séparer ? C'était complètement immoral, insensé, inhumain.

Mais je sentais que j'en avais besoin, même si cela était dur. Et directement après notre rupture, j'ai chu dans ce qu'on appelle "la nuit noire de l'âme". C'est un beau terme pour exprimer ce qu'il se passe : dans votre esprit, vous passez dans la nuit, vous êtes dans le noir, aucune lumière ne vient vous éclairer de l'extérieur et vous ne pouvez vous rattacher à rien d'autre qu'à vous-même, car c'est en vous qu'il faut venir puiser la lumière. Au départ, on cherche tous à se rattraper à quelqu'un ou quelque chose mais vous allez vite vous rendre compte que vous êtes complètement seul(e). Et bien que cela soit douloureux, c'est tout l'intérêt de cette étape : se retrouver seul(e) pour pouvoir se consacrer pleinement à Soi.

Comment faire pour se sortir de cette nuit ?

Il faut travailler votre bien-être intérieur et accumuler un ensemble de conditionnement zen et apaisant.

Relever des défis comme courir un marathon n'est pas la bonne solution. De toute façon, avec la fatigue, ce ne sera peut-être pas raisonnable. N'oubliez pas que cette nuit vous invite à puiser la lumière en vous et donc, de l'énergie. La force avec laquelle vous venez prendre cette énergie vous épuise énormément ! Donc, si vous vous sentez fatigué, c'est "normal", que l'on soit chaser yin ou yang.

Marcher au bord d'un lac ou dans une forêt peut être une bonne ressource énergétique, si vous en avez la force. Et n'hésitez pas à dormir aussi quand vous en ressentez le besoin, même plusieurs fois par jour. Alors oui, cela ne correspond pas à votre emploi du temps mais je le répète : cela ne peut faire que du bien, même une demi-heure, en écoutant une voix ou une musique reposantes. C'est un repos salvateur/reconstructeur.

Encore selon mon cas, ce qui m'a vraiment aidé, ce sont des cours de Qi gong trouvés sur Internet (toujours par correspondance car sortir de chez moi me demandait trop d'effort et puis l'avantage, c'est qu'il y a multitudes de cours, que l'on peut les suivre plusieurs fois par jour). Cela me faisait du bien de réaliser des mouvements calmes et sereins. Cela apaisait mon corps et mon esprit tourmentés/malmenés par cette nuit et, à l'aide de la respiration contrôlée effectuée en même temps que les mouvements, cette combinaison mouvement-respiration me ramenait à un calme intérieur, une paix profonde.

La première fois que j'ai effectué un enchaînement de gestes Qi gong, quelque chose de négatif est sorti de mes poumons, me laissant une sensation de vide, de légèreté. J'ai tout de suite eu envie de recommencer. C'est ainsi que je me suis retrouvée à faire des séances de Qi gong seule dans mon salon, moi qui avais l'habitude de me dépenser en faisant du vélo ou du roller avec des copains et finissant en soirée. C'est dire toute l'incongruité de ma situation !

Manifestations de douleurs physiques :

On peut le constater au niveau du couple classique de flammes jumelles : les runners yin développent pour la plupart des maux de ventre pour eux inexplicables et qu'ils associent ensuite à l'avancée du travail que leurs chasers yang effectuaient à distance.
Je pense que ce phénomène touche principalement la polarité yin à cause de sa particularité assez réceptive.

Cela peut être considéré comme un atout par rapport à un runner yang qui présente ce genre de symptômes mais qui, sur le coup, ne fait pas le rapport avec sa flamme.
Le chaser yin a non seulement conscience du lien mais peut aussi comprendre l'origine de ces maux de ventre et les faire disparaître, notamment en travaillant sur ses peurs (et plus tard sur celles de son runner qui viendront se répercuter en lui).

La caractéristique de ces maux de ventre est vraiment axée sur la sensation de peur. Vous n'avez pas les mains qui tremblent mais vous pouvez sentir votre "intérieur" trembler et cela ne se calmera que lorsque vous aurez affronté toutes vos peurs. Pour certains auteurs, il s'agira d'un mauvais taux vibratoire. Personnellement, je préfère parler de peurs car une fois que j'ai pu toutes les affronter, cette sensation de tremblements s'est arrêtée. Bien sûr, elle ne s'arrête pas du jour au lendemain. Elle s'atténue jour après jour, à chaque fois que vous travaillez vos peurs et puis, à un moment, je vous jure que cela cesse.

En ce qui me concerne, j'ai pu aussi ressentir une sensation de tiraillement à chaque fois que je m'éloignais du département dans lequel vivait mon runner, comme s'il y avait un élastique entre moi et l'endroit où il habitait. Plus j'essayais de m'éloigner et tirer sur le fil pour le faire casser, plus je ressentais une sorte de mal-être difficile à expliquer (tiraillement), sans parler des séries de synchronicités sur ma route qui portait le nom de son village, ramenant systématiquement mes pensées vers lui.

D'autre part, loin de lui, je n'avais plus d'appétit. Je m'efforçais de manger mais ce que mon ventre acceptait de recevoir me forçait à me restreindre pour ne pas être nauséeuse. C'est pourquoi devant les amis ou la famille, je pouvais tenir quelques jours mais rarement plus sans éveiller quelques soupçons sur ma capacité habituelle à me nourrir. C'est une véritable épreuve en solitaire !

4- La purification

Et moi qui croyais que c'étaient les séances de Qi gong qui allaient m'aider à passer cette étape de "purification" (terme repris par différentes sources au cours de mes recherches). Eh bien, ce n'était qu'un début…

Effectivement, au cours de mes investigations sur cette étape, j'ai pu constater qu'il y était bien souvent employé les termes de "nettoyage énergétique" voire "nettoyage spirituel".

Petite remarque : je pense qu'à partir de cette étape, beaucoup de chasers commencent véritablement leur recherche sur le parcours des flammes pour essayer de l'intégrer à leur vie, et pas avant ou rien de très sérieux.

Pourquoi ? Parce qu'il s'agit d'occulte. J'imagine que jusque-là, même si on a tous plus ou moins eu des "contacts" ou "interventions" avec l'au-delà ou avec une conscience puissante qui dépasse pour l'instant notre entendement à tous, on ne peut pas de nous-même et par nous-même entrer en contact avec ce genre d'entités comme ça du jour au lendemain sans être guidés. Parce que peu de gens prennent l'habitude de le faire ! Ou alors, c'était pendant l'enfance mais longtemps oublié à présent.

En outre, pour ceux qui s'en rappellent, retentez les processus ou schémas que vous aviez installé en vous pour communiquer avec ces entités. Si ça marche, c'est super ! Vous n'avez besoin de personne.

Pour les autres, malheureusement, le chemin peut être long. Mais ne désespérez pas car tout est une question d'acceptation et surtout de la vitesse à laquelle vous acceptez les choses.

Attention, petite mise en garde : que vous consultiez une voyante, une chamane, une énergéticienne ou (comme moi) visionnez des vidéos sur Internet de personnes qui font des soins à distance, prenez le message ou la personne ou encore la chaîne Internet qui fait résonner en vous Votre vérité. Je veux dire par là que si, pour vous, cela sonne faux, ne prenez pas. Ce n'est pas pour vous.

Personnellement, je me suis abonnée à une bloggeuse qui effectue des soins à distance mais qui publie régulièrement des vidéos sur le Net, et ces messages ont fait passer beaucoup de choses positives en moi. Le plus important pour moi, c'est que cette personne ne délivrait que de la bienveillance : pas d'agressivité, pas de vilains mots échappés mais au contraire une voix douce, calme, posée, apaisante et elle savait, en tout cas de mon point de vue, de quoi elle parlait, même si c'était à propos d'anges, de chérubins, de maîtres spirituels voire même de Dieu.

Eh oui, ça y est, nous entrons dans la partie spirituelle et en écrivant ces lignes, moi qui suis quelqu'un de très terre-à-terre, ne croyant pas jusqu'à présent à ces choses et encore moins voulant m'en mêler, je ne peux que vous affirmer qu'en ce moment présent, je me sens très entourée malgré le fait que je sois la seule personne physique devant mon bureau.

Mais nous sommes dans un processus de flammes jumelles. Il ne faut pas l'oublier. Et cela implique que nous devons laisser tomber pendant un temps ce côté très terre-à-terre car il n'existe encore pas d'explications rationnelles ni scientifiques à ce que nous ressentons en se laissant aller à ces entités bénéfiques et purificatrices.

Tout d'abord, en quoi consiste la purification ? Qu'est-ce que c'est ?

On me dit qu'il s'agit de trois processus : la première phase est *une élimination de toutes les impuretés de l'âme*. Puis, vient la phase du *réalignement sur l'énergie divine*. Et pour finir, le troisième processus consiste en une *activation ou réactivation des points d'énergie* dans notre corps (ou chakras) pour permettre à notre énergie de se renouveler, de circuler, de réparer les parties de nous qui sont bloquées/lésées. Ce processus peut être enclenché en même temps que les deux autres. Il nous apporte du bien-être et de l'énergie. Je pense qu'il est enclenché au moment où nous en avons besoin pendant les deux autres phases.

Et ensuite, comment cela se passe de façon concrète ?

Il s'agit de se faire confiance et d'invoquer des Anges dans un premier temps. En ce qui me concerne, puisque je ne savais pas comment faire et je ne voulais pas me mettre à prier dans ma chambre (non, il y a des limites à ce que mon mental peut accepter !), j'ai écouté une personne qui les invoquait à ma place. Étant donné qu'elle faisait vibrer ces ondes à travers la vidéo (peu importe si cela avait été tourné depuis un mois ou un an), cela m'atteignait également au moment où j'écoutais.

Je parle beaucoup de vibrations dans l'air, c'est une notion qu'il est important de comprendre. Par exemple, lorsque quelqu'un est énervé et qu'il claque une porte, il fait vibrer sa mauvaise énergie dans l'air et cela peut vous atteindre d'une façon néfaste et provoquer chez vous de la colère. A contrario, si quelqu'un retient la porte pour qu'elle ne claque pas, ce simple geste rééquilibre l'harmonie dans l'air et fait vibrer autre chose que des énergies néfastes. On est tous sensible à cela.

Donc, pour revenir à cette vibration d'appel des Anges : elle s'effectue à travers votre intention, votre voix ou par le biais de quelqu'un d'autre si vous n'y arrivez pas tout seul. Sachez que cela va intervenir sur vous, votre âme et que vous allez en ressentir les effets. N'ayez aucune crainte, ce n'est pas néfaste : cela peut être perçu comme une sensation de pouvoir mieux respirer, d'avoir tellement de place dans les poumons que votre souffle s'en trouve inadapté. Il faut donc un temps pour que vous retrouviez une respiration adéquate mais tellement mieux régulée.

Cela peut aussi agir sur le cœur ou dans les intestins ou au niveau de la gorge, tout dépend de la partie lésée de votre âme. Et s'il y a plusieurs parties à purifier, cela ne se fera pas en même temps : il y aura un temps pour le cœur, un temps pour les poumons, etc… Vous imaginez si on a déjà le souffle coupé, que notre cœur s'emballe et que nos intestins semblent disparaître tellement leur poids s'allègent, nous ne tiendrons pas une seconde sans défaillir. Or, les Anges, eux, ne veulent pas notre mort.

D'ailleurs, il faut comprendre ici que vous ne pouvez effectuer ce travail sans eux. Ces sensations de légèreté après leurs soins viennent bien de l'extérieur en vous. C'est pourquoi il est nécessaire de passer par les Anges car ce sont eux qui travaillent pour vous, en vous, sous votre accord et votre volonté bien sûr. Un Ange ne vous forcera jamais et n'effectuera aucun travail sur vous si vous n'êtes pas d'accord (un maître ascensionné non plus d'ailleurs).

Vous pouvez invoquer n'importe quel Ange au départ si, comme moi, vous ne les connaissez pas. Et puis, petit à petit, vous allez comprendre et savoir quel Ange vous correspond le mieux, du fait du sentiment affectueux qui s'est établit entre vous et/ou également du soin qu'il peut vous apporter (cela inclut de connaître les anges et faire quelques recherches).

Une fois que les Anges ont effectué un travail sur vous (n'oubliez pas de les remercier), demandez toujours l'appui de l'énergie divine pour venir consolider leur travail.
Alors, pour les sceptiques et ceux qui ne veulent pas entendre parler de Dieu, de bible, de religion, rassurez-vous, je ne vais pas parler de ça ni vous forcer à croire en quelque chose en laquelle vous ne voulez pas croire ! Visualisez plutôt l'énergie divine comme une grande puissance à laquelle s'ajoute une forte lumière qui vient se déposer sur votre être. Cette énergie/lumière ne complète pas seulement le travail des Anges mais vous apporte la touche finale de la purification. Elle est indispensable !

Petite note : certains m'ont déjà parlé de cette Lumière en me la décrivant parce qu'ils l'avaient vu. Moi, je n'ai pas ce don même si je la ressens, je ne La vois pas.

Et si c'est votre cas également, c'est parce que nous n'avons pas besoin de voir pour croire et peut-être est-ce mieux ainsi car si je me mets à voir des Lumières ou des Anges dans mon salon, déjà que mon ressenti est assez intense à gérer, je pense aller très vite dans un centre psychiatrique pour faire disparaître ces hallucinations !

Enfin, quel est le résultat escompté ?

On me dit que cela conduit à une libération de l'âme sur laquelle il n'y a plus d'emprise. On peut à nouveau se sentir léger, purifié, un peu comme si on venait de se confesser et de se libérer de nos pêchés à un prêtre – Tout a été pardonné.

Ce passage m'a également conduite à un état de compréhension des choses avec plus de clarté, accompagné d'un sentiment de bien-être intérieur. Il ne me restait plus qu'à afficher cet état à l'extérieur (reprendre soin de soi, manger équilibré, renaître !). Demander de l'aide aux Anges, aux chérubins, à l'énergie divine, aux maîtres ascensionnés ou autres (pour certains, il s'agit également de Jésus ou Marie…) m'a permis de comprendre les choses plus facilement et plus rapidement que si j'avais effectué ce travail toute seule.

Les Anges sont vraiment là pour accélérer le processus. Il ne faut pas hésiter.

De plus, même si, la plupart du temps, c'est votre flamme jumelle qui vous donne la force de continuer d'avancer, le fait de se reconnecter à l'énergie divine vous permet également d'y puiser de la force et d'ainsi préserver celle de votre jumeau.

Petit aparté sur les messages ou révélations de vies karmiques :

Il se peut que vous découvriez certaines choses faisant partie de vous qui ne proviennent pas de la vie que vous menez mais qui refait surface depuis la rencontre avec votre jumeau.

Apparemment, les flammes jumelles ont déjà vécu plusieurs autres vies ensemble et le fait que vos deux âmes se retrouvent vous amène à faire ressortir d'anciens schémas d'autres vies dans vos agissements l'un envers l'autre. Il n'est pas nécessaire de s'attarder dessus sauf pour le comprendre et réparer ce type d'agissements. Ce qui est passé appartient au passé : vous n'êtes plus la personne que vous avez été au cours de vos anciennes vies.

Vous pouvez vous tourner vers l'avenir, l'esprit serein. En plus, tout vous a été pardonné grâce à la purification.

5- Le silence du runner

Après cette étape de purification et de "retrait en soi", je me sentais à nouveau capable de retourner vers mon runner. Je n'avais jamais vraiment coupé les ponts avec lui, nourrissant cette certitude qu'un jour, j'allais le retrouver.

J'évoquais plus en haut que lorsqu'on s'accroche à quelqu'un, il s'agissait d'une relation toxique. C'est également vrai pour la relation de flamme jumelle : quand on s'accroche trop à notre jumeau, que l'on prend trop régulièrement des nouvelles de lui, voire même qu'on s'impose à lui, il arrive un moment où le runner fuit véritablement. C'est ce qu'il s'est passé pour moi.
Mon runner a coupé les ponts avec moi. C'est ce qu'ils appellent le silence du runner.

Après un ou deux messages sans réponses, il faut absolument laisser tomber et stopper net toute mise en relation avec votre flamme (même si vous en mourrez d'envie). Cela aurait pour conséquence de le faire fuir encore plus.
Il s'agit là d'une sorte de test : peut-on ou non, avec tout ce qu'on a appris sur Soi, se passer du runner ? Ou plutôt, me dit-on, est-on capable de prendre sur soi pour le laisser respirer ? Ce temps est nécessaire au runner pour qu'il s'aperçoive que vous êtes

capables d'éviter de lui mettre la pression et pour qu'il revienne petit à petit dans la relation de flammes.

À ces moments-là de la relation (parce qu'il se peut d'en passer plusieurs), vous ne pouvez "qu'attendre" qu'il reprenne contact : ce n'est pas à vous de reprendre contact avec lui.
Je mets ici "attendre" entre guillemets car le chaser n'est pas dans une posture d'attente passive.
En effet, passé l'instant où vous espérez encore et toujours qu'il va rappeler, où vous sursautez à chaque coup de téléphone en croyant que c'est lui, vous commencez à effectuer une activité qui vous permet de vous réaliser et alors le temps devient plus court. Cela vous permet de moins penser à votre runner d'un côté et d'autre part, vous avancez vers une tâche, une activité qui vous renvoie à votre propre Soi, mettant enfin la distance nécessaire entre vos activités et celles de votre flamme.

6- Retour vers Soi, reconnaissance du Soi (prise de conscience)

Cette étape arrive alors que la période purificatrice prend fin. Comment savoir si la purification est terminée ? Vous vous sentez moins alourdi dans votre âme et par des pensées négatives, vous êtes dans le contrôle de vous-même et surtout, vous ressentez moins le besoin de faire appel aux Anges. Vous êtes dans le désir d'avancer, de se projeter dans le réel et aussi (un peu, pas encore tout à fait, cela viendra plus tard) vers l'avenir.

Vous êtes capables de déterminer ce qui est bien et bon pour vous et de faire attention aux gens ou à des situations qui peuvent vous faire replonger dans des vibrations négatives. Je pense qu'à force, on se prémuni contre ce genre de négativité, voire toxicité.

Et même s'il vous arrive de replonger dans de vieux schémas négatifs, vous savez comment faire pour purifier ce qu'il y a de néfaste en vous, que ce soit à cause d'une situation ou d'un élément extérieur à votre être, ou que ce soit en vous.

Vous ressentez le "poids" de votre âme et vous vous sentez mieux lorsqu'elle est légère. C'est pourquoi vous aspirez tout naturellement à la purifier lorsque vous l'estimez nécessaire.

Mais la période de purification intense est terminée. Vous le sentez en vous.

C'est d'ailleurs ce qui vous permet de vous tourner vers l'avenir. Maintenant que vous êtes passés par cette étape, quelle est la suivante ? Vous avez tellement l'habitude que ce soit une série d'épreuves et de souffrances que vous redoutez la prochaine (et c'est comme cela que le chaser se met miraculeusement (lol) à penser à l'avenir).

Néanmoins, je ne dirais pas que c'est une nouvelle étape de souffrance : il s'agit plus d'une sorte de recentrage de vos valeurs, de vos atouts dans la vie. Par exemple, il peut s'agir d'un talent naturel avec les chevaux ou l'écriture, et se reconnecter avec ce talent naturel peut vous amener à monter un ranch ou se lancer dans la publication d'un livre (et pourquoi pas les deux ? Tout est possible quand on réalise ce que nous sommes conçus à faire, et tout paraît évident).
Tout cela vous invite à se reconnaître pour ce que vous savez faire le mieux et le plus naturellement du monde : être vous-même et faire ce que vous aspirez à être.

Bien sûr, ce chemin est semé de fausses croyances car il est possible d'avoir pleins d'idées d'activités vers lesquelles se tourner. Pourquoi en choisir une particulièrement et pas une autre ? C'est un choix difficile.

C'est là qu'arrive ce fameux lâcher-prise (ce mot qu'on a tellement de mal à comprendre). La question à se poser est : "qu'est-ce qui me permet de rester concentré des heures parce que cela me plaît tellement que j'y passerai la journée sans me forcer ni trouver cela difficile ?"

Vous avez la réponse ? Eh bien voilà, faîtes-le. Et plus vous ferez ce genre de petites tâches qui vous permettent de vous accomplir, plus vous allez pouvoir vous tourner vers LA tâche qui vous mènera à la reconnaissance de Soi.

Cela permet de faire un tri dans vos activités : évacuer celles pour lesquelles vous ne voulez plus prendre de temps et celles au contraire pour lesquelles perdre du temps n'est plus un problème.

Bien évidemment, je n'incite personne à tout laisser tomber ! Cette activité qui vous définit tant peut éventuellement vous amener à vous reconvertir, voire à laisser tomber un travail dans lequel vous vous sentiez tout de même assez bien. Rien ne vous empêche d'allier plusieurs activités dans votre vie, du moment que vous en êtes pleinement satisfait et que cela ne prenne pas toute votre énergie !

Le plus important est de ne rien regretter et d'écouter votre cœur.

7- L'acceptation du Soi, agir, se réaliser, se construire

Qu'il est bon de savoir qui l'on est et d'avoir trouvé sa place dans ce monde !

La phase d'acceptation est assez courte mais je tenais à l'évoquer tout de même car il est important pour le chaser de comprendre que non, il ne sera pas telle personne ou telle autre qu'il admire et/ou dont il aimerait avoir ses compétences, ses capacités. Non, il ne restera que lui-même (comme Galadriel dans le Seigneur des Anneaux à qui l'on donne un pouvoir qui la dépasse mais qui comprend qu'en restant elle-même, ce sera déjà pas mal !).

Vous avez déjà pleins de ressources en vous et donc ce n'est plus la peine d'admirer votre jumeau pour ce qu'il est capable de faire puisque vous avez l'opportunité (et votre jumeau vous laisse justement cette chance de repartir de zéro) de vous accorder la vie dont vous aviez toujours rêvé, même si cela implique de contredire toutes les choses que vos parents vous ont inculqué jusqu'ici. C'est là le véritable pouvoir du jumeau : c'est celui de vous pousser à bâtir vos rêves, à les rendre concrets, réels, parfois même à défier toute logique. Cela vous étonnera d'ailleurs, de constater à quel point votre jumeau, alors qu'il vous connaît à peine, acceptera et vous soutiendra dans votre projet.

Ce projet viendra s'imposer en vous tout doucement car il faudra lutter contre toutes ces idées dont on vous a rebattus les oreilles jusqu'à maintenant. Et là encore, votre jumeau va vous y aider avec sa propre logique. C'est pourquoi il est vraiment important de se confier à lui, de lui exposer tout, sans rien omettre, y compris vos doutes et vos craintes. Sa facilité à les résoudre est déconcertante.

Vous pouvez avoir peur que la réalisation de ce projet ne s'accorde pas avec le fait de vivre en couple avec votre flamme mais la magie des flammes jumelles agit pour ne pas vous laisser encore une fois avec le cœur brisé. Vous pouvez donc avancer avec la certitude que, quoi qu'il se passe, vous finirez par vous retrouver et obtenir ce pourquoi vous vous êtes toujours battus l'un comme l'autre : une vie ensemble dans l'amour.

8- Les retrouvailles

Mais si, enfin, cela arrive ! Si, si, je vous assure ! D'ailleurs, vous le savez, vous le sentez puisque, de toute façon, vous êtes de polarité yin : vous savez ces choses-là, vous les ressentez en vous. Vous attendez ce moment depuis si longtemps qu'au moment où votre runner reprend contact avec vous, cela ne vous étonne pas du tout. Au contraire, vous vous y étiez préparés.

Comment cela se passe ? Eh bien, pas de la façon dont vous vous le représentez juste avant que cela se produise mais encore mieux !
Honnêtement, je m'étais préparé à mettre carte sur table avec lui et discuter de nos problèmes en lui montrant qu'il n'y avait rien que l'on ne pouvait résoudre et par là même, j'entendais bien lui faire comprendre que, malgré les apparences, j'étais quelqu'un de responsable et qu'il pouvait aussi se reposer sur moi dans la prise de décisions. Je m'attendais même à ce qu'il me fasse part de ses émotions (chose qu'il a faite mais pas de la façon dont je m'attendais).

Sans non plus réciter mon petit discours que j'avais préparé dans ma tête, je lui ai fait comprendre tout cela en lui précisant que j'étais revenue auprès de lui pour parler des difficultés qui l'empêchaient de se mettre en couple avec moi et ce qu'on pouvait faire concrètement pour les résoudre mais pour cela, il fallait qu'il mette des mots sur ces problèmes ! J'ai aussi évoqué les différents points que j'avais sur le cœur, en étant la plus transparente possible, je veux dire sans rien lui cacher de ce qu'il s'est passé de mon côté alors que j'étais loin de lui (mal-être, tiraillement, etc…). Et avant qu'il se mette à me répondre, je lui ai demandé de ne pas me briser le cœur avec une phrase malheureuse car je ne pouvais le supporter et il est vrai qu'à ce stade, s'il m'avait dit la moindre petite chose négative, je serai repartie souffrir dans mon coin.

Je ne lui ai pas fait part de tout le côté mystique de ce que j'ai vécu. Par contre je l'ai tout de même mentionné en lui disant que si c'était nécessaire, je lui en parlerai peut-être plus tard.

À la suite de mon discours (il prenait à chaque fois le temps de me répondre et du coup, je prenais ce temps pour encore parlé ! lol), il a réfléchi à ce qu'il pouvait me dire, commençait une phrase mais s'arrêtait et marmonait "ah non, oui c'est vrai, je ne dois pas te briser le cœur", puis reprenait sa réflexion. Comme quoi, les chasers, vous pouvez être exigeant dans ce que vous attendez de votre runner et ce que vous ne voulez pas. Votre runner est à votre écoute et il tiendra compte de tout ce que vous lui direz.

Quand enfin, il a commencé à parler, j'ai été scotchée. Les paroles qu'il débitait étaient le résumé de tout ce que j'avais écrit dans ce livre jusqu'à présent et de toutes mes réflexions personnelles en écrivant ces lignes !

Pour informations, j'ai commencé à écrire ce livre pendant la période de son silence. Il n'avait donc jamais lu ce que j'avais écrit. Comment a-t-il pu y voir aussi clair alors que moi, j'avais tellement galéré pour en être arrivé à ce stade de lucidité ? C'était impressionnant.

Note importante : pendant ma purification, j'étais amenée à lui écrire de temps en temps et les conseils qu'il me donnait me servaient pour la suite de ma progression. Ce qui m'amène vers la certitude suivante : notre runner sait exactement où nous en sommes (de quelle façon il le sait ? Je ne sais pas) et il représente donc la meilleure personne vers laquelle se tourner pour demander conseils. Écoutez donc bien ce que votre runner vous dit, même si, sur le moment, vous ne comprenez pas. Il est surement dans le vrai, plus que vous ne pouvez l'être pour vous !

Pour la suite des retrouvailles, tout ce qui est décrit sur les flammes jumelles se réalise : on ne se quitte pas du regard, on sent comme une espèce d'attirance, de besoin de se regarder et pas comme on regarde quelqu'un dans une conversation, non, on se regarde réellement, dans les yeux, d'âme à âme. Pour quelqu'un qui éprouve des difficultés à fixer quelqu'un du regard, pour le coup, je ne pense même pas qu'il y pensera, tellement cela sera naturel, comme si on communiquait rien qu'en se regardant. On se sourit (je suppose que, vu de l'extérieur, on a l'air très bêtes ! Ou pas ! Qui sait ?...). On se contemple et tout se passe bien. On est juste là, ensemble et plus rien d'autre ne compte. Ce moment est magique et rien que pour nous.

À cet instant-là de l'histoire, je me demande si tout ce que j'ai vécu est bien réel, si, dans le fond, je n'ai pas tout inventé, tout imaginé par rapport à la relation flamme jumelle et puis, je me souviens de toutes ces coïncidences placées sur ma route pour me guider, pour me ramener à lui et donc au travail effectué sur moi.
Toute cette expérience m'a permis de me construire en un temps record.

En vérité, j'avais déjà connu une grande période de déprime pendant laquelle j'avais mis en place des stratagèmes pour reprendre pied dans ma vie. J'ai mis environ quatre ans avant de me reconstruire et d'être à l'aise avec moi-même. J'ai vécu heureuse pendant quatre autres années mais, à la suite de ma démission et mon départ, je me suis retrouvée à nouveau dans cet abîme de solitude et devais lutter contre de sombres pensées. Et puis, j'ai rencontré ma flamme pour qui j'ai fait tant d'effort pour ne pas replonger pendant la nuit noire de l'âme, en changeant littéralement d'état d'esprit : grâce à la force qu'il me donnait (même si on était loin l'un de l'autre, nos âmes restaient connectées), j'ai réussi à ne pas voir cette rupture comme un échec mais plutôt comme une façon de me reconstruire.

Avant, je voyais toujours la vie comme un enchaînement de bonheur/malheur mais je me suis rendue compte qu'en décalant ma façon de rebondir sur une situation, je peux être pleinement heureuse par moi-même pendant toute la durée de ma vie. Il faut pour cela cultiver ce bonheur. Il ne vient pas de lui-même : il se pratique en Soi.

Par conséquent, vous devez vous efforcer de ne pas vous attarder sur les choses négatives ou qui vous mine le moral. Gardez à l'esprit que vous êtes flammes jumelles et donc, programmé pour être heureux et dans l'Amour. Même si votre flamme vous parle d'amitié (et cela fait mal), vous savez bien qu'il ne s'agit pas de la Vérité qui résonne en Vous (justement parce que cela fait mal). Il faut juste y croire et faire vibrer cette croyance à l'extérieur de vous, dans l'air, dans votre comportement, face à lui, etc… Savoir adapter votre état d'esprit à chaque situation qui ne vous convient pas pour voir la situation d'une manière qui vous convienne, c'est là le véritable pouvoir du chaser yin.

En revanche, il se peut que vous vous sentiez légèrement défavorisé(e) à être chaser yin par rapport au runner et aux chasers yang qui ne vivent pas les choses aussi pronfondément que vous. Si j'évoque cela ici, c'est parce que j'ai eu un moment cette impression d'avoir travaillé pour moi et mon runner, doublement qu'un chaser yang aurait pu le faire. En effet, malgré le fait que le chaser yang souffre tout autant que nous dans ce parcours, il a cette sensation de ressenti en moins. Et donc, notre runner yang également. Je sens que je n'ai pas encore tous les éléments en ma possession pour comprendre mais est-ce que je dois vraiment le comprendre ? Puisque l'intérêt de vivre cette histoire réside justement dans le but de se construire soi-même…

D'ailleurs, mieux vaut rester concentré sur Soi car cet état d'esprit étant nouveau, il n'a pas encore eu le temps d'être ancré profondément dans le mental. Et donc, gare aux rechutes ! Cela arrive. Ce n'est pas grave. Nous ne sommes pas des machines et donc on ne peut pas changer notre façon de voir les choses du jour au lendemain. Cela se travaille mais en ayant les outils pour parvenir à voir le bon côté de la vie, et à force d'entraînements et d'expériences, vous serez tous capables de maintenir cet équilibre en vous.

N'hésitez pas aussi à prendre la vie avec humour ! Vous pourrez alors rire de vous et réajuster votre comportement par la suite.

9- La fusion et la réunion

Il existe une multitude de renseignements sur cette étape qui, je pense, est vécue cette fois par tous les couples de flammes jumelles accomplis. À ce niveau-là, on peut abandonner le terme de runner/chaser car il n'a plus raison d'être.

C'est une étape assez intime et propre à chacune des flammes. C'est une des raisons pour laquelle je ne vais pas m'éterniser sur ce sujet.
D'autre part, ne l'ayant pas expérimenté moi-même, je ne tiens pas à vous fournir des informations dont je ne sens pas la réalité.

Je vous renvoie donc à tout ce que l'on peut trouver sur Internet sur ce sujet, bien qu'étant donné tout le travail effectué pendant l'introspection, je ne peux que conseiller de vous laisser étonner et surprendre par cette étape, sans chercher à l'anticiper, mais juste la laisser venir en vous, comme un heureux imprévu…

Conclusion

Voilà, j'espère avoir fait assez clair et en être venue rapidement à l'essentiel pour vous guider sur votre parcours de chaser yin.

Et si je n'ai pas attendu l'étape de ma fusion pour pouvoir vous la décrire dans ce livre, c'est parce qu'on me dit que mon travail est ici terminé.
En effet, tout ce que vous avez besoin de savoir réside dans ces pages. J'ai écrit avec mon cœur les choses que j'aurais bien voulu qu'on me dise tout au long de mon parcours plutôt que d'avancer à l'aveuglette.
J'espère vraiment que ce livre vous aidera à ouvrir la voie vers le chemin qui conduit à vous-même, au bonheur et à l'Amour.

Je vous souhaite bon courage et, pour reprendre une citation de Julien Cordier dans son livre *Alyson* : "Tout le monde est une exception ! Il suffit d'y croire suffisamment fort et d'être prêt à se dépasser chaque jour et son lendemain". Alors, ne vous laissez pas abattre.